Zbirka pjesama:

„Marica Kosak i Milka Trnina:

DNEVNIK
ZABORAVLJENOG
VREMENA"

40 pjesama o Vezišću i Milki Trnini

Za uspomenu baki Marici, njenom mužu, djeci, unucima,
praunucima i njenom voljenom selu Vezišću.

Autor:
Dominik Kosak

Pjesme napisala:
Marica Kosak

Lektorica:
Rahela Kosak

Vezišće, 29.01.2023.

ISBN 978-3-910760-02-8

Zbirka pjesama:

Marica Kosak
i
Milka Trnina:

DNEVNIK ZABORAVLJENOG VREMENA

PREDGOVOR

Stane li cijeli život u 40 pjesama?

Može li se brak svesti na jednu jedinu?

Možemo li o nekome tko je toliko slavan da je rasprodavao najveće svjetske pozornice saznati nešto novo od nekoga toliko običnog da nikad nije napustio svoje selo?

Je li veća umjetnost školovati se u Beču i postati najpoznatija Tosca svih vremena, ili imati samo 4 razreda škole i poskriveči pisati poeziju i time ostaviti sljedećim naraštajima vjerojatno jedini trag zaboravljenog vremena?

Stane, može, možemo i svejedno je.

U tome je ljepota umjetnosti. Umjetnička duša može postati operna diva, ali i ostati neuka supruga, majka i baka koja u cijelom svom životu, u nemogućim uvjetima uspije napisati samo 40 jednostavnih pjesmica o odrastanju, življenju i umiranju u svom rodnome selu.

Marica Kosak (rođ. Kralj), baka Marica, rođena je 1930., a deda Stevo 1924. godine.
Imali su troje djece, Miru, Danicu i Vladu i šestoro unučadi.
Baka i deda bili su obični seoski ljudi koji su živjeli u našem malome selu, Vezišću. Kao i većinu ljudi na selu život ih nije mazio, ali oni su bili vrijedni ljudi koji su na kraju ipak uspjeli. Uspjeli su iz ničega stvoriti nešto. Priskrbiti si krov nad glavom, dobro odgojiti svoju djecu i osigurati si dostojanstvenu starost. I pišući ovaj predgovor,

baš si razmišljam, možda bi i Milka Trnina u nekom paralelnom životu, da nije ostala bez oca, vodila više manje isti život. Možda bi npr. maloj Marici davala satove pjevanja.

Malene su i nepredvidive skretnice života koje odlučuju staje li naš vlak u Vezišću ili pred zgradom na kojoj piše Metropolitan Opera House.

I baš mi zbog toga ovih 40 bakinih pjesama imaju neku posebnu draž. Ta isprepletenost prvog i trećeg lica, pjesmice malo o sebi malo o Milki. Opisi odrastanja u blizine Milkine rodne kuće stvaraju takvu bajkovitost u kojoj je na kraju teško razaznati tko je bila ta crnokosa djevojčica koja je hodala pokraj Česme čekajući prva zaljubljivanja, Marica ili Milkica. Dva života koja su započela gotovo na istom mjestu i koja su gotovo sigurno dijelila vrlo slične uspomene iz najranijeg djetinjstva. Baka Marica imala je približno 11 godina kad je Milka Trnina umrla. Milka je bila podjednake dobi kada su je zbog smrti oca, iz našeg sela Vezišća, poslali familiji u Zagreb gdje započinje njen umjetnički uspon.

Bajkovitosti bakine zbirke pjesama pridonosi i sama ideja o izgubljenom, odnosno zaboravljenom vremenu. Dovoljno sam star da se u magli sjećam dede kako plete košare ili srušenog mosta koji je nestajao kako sam ja odrastao. Cvijeće, vrlo važan motiv u bakinim pjesmama i dalje cvate u njenom vrtu i svjedoči o vremenu kojeg više nema i kojeg se uskoro više nitko neće sjećati, osim iz njenih zapisa.

Osim toga, nakon dovršetka prepisivanja bakinih pjesama, pogledao sam u jednu enciklopediju i tamo se o mjestu rođenja Milke Trnine kaže: "kao mjesto rođenja u pojedinim se izvorima navodi Donji Sip pored Vezišća".

Baka Marica nije "neki izvor", nije neki istraživač, leksikograf niti glazbeni stručnjak za temu „Milka Trnina“ pa da nagađa i mudruje o tome. Baka Marica je onaj odlomak kojeg u nijednoj enciklopediji nema, najbliži živući suvremenik, susjed, osoba koja iz prvog lica, najpreciznije moguće opisuje ne samo lokaciju Milkinog rođenja, nego i okuse voća i mirise cvijeća iz njenog vrta, vrta koji ju je nadživio baš kao što će kasnije i bakin vrt i njeno cvijeće nadživjeti baku Maricu. I tu se priče i mirisi opet ispleću u jedan lik.

Pronašao sam dvije bilježnice s bakinim pjesmama. Jedna je bila "radna" verzija, dopola ispunjena tatina bilježnica iz škole u koju je ona sa stražnje strane počela pisati svoje pjesme. Druga bilježnica je pretpostavljam bila ona prava, ona koju će jednog dana nekome pokazati. U nju je prepisivala pjesme koje je procijenila dobrima, onak' kak' se spada, uredno. A možda sam i sve krivo povezao.

Na kraju ih nikome nije pokazala. Tata kaže da možda i je jednom, pa je nezadovoljna reakcijom odlučila to ne učiniti nikad više.
Takve smo mi umjetničke duše. I takvi smo mi sa sela. Osjetljivi i neosjetljivi. Istovremeno. Pogotovo prema svojim odnosno tuđim umjetničkim afinitetima.

Možda se zvijezde još jednom poklope pa ova zbirka opet nenadano zaluta i dođe u ruke nekoga tko će imati vještine da poneku od pjesama uglazbi, napravi neki narodni napjev od njih. Sklada pokoju harmoniju za Vezišćanski mješoviti pjevački zbor koji se Don Quijotovski trudi kako zna i umije u pokušaju da spasi krhku nit koja spaja pojmove Milka Trnina, Vezišće i umjetnost.

Moj deda je bio onako...prilično pragmatičan tip, pravi muž sa sela. Pamtim ga po izjavama poput: „Treba delati“, „Navek po selaku“, „Segde čovek mora biti“...

Dedu i čitanje još koliko-toliko, možda, ali dedu i poeziju, to ne mogu ni zamisliti u istoj rečenici. Baš zbog toga je pronaći njegove osobne skice i zabilješke u bakinim pjesmama bilo nešto…
Značilo je da ih je ipak čitao. I to nakon što je baka umrla. I budući da mi je nespojivo s njim kakvog ga poznajem, to daje još jedan poseban pečat njenom Dnevniku zaboravljenog vremena.
Neke stvari si valjda ne možemo reći za života, pa su oni našli način kako da si ih kažu naknadno.

Što se tiče gramatike, ovo nije zamišljeno kao književno djelo. Interpunkciju i gramatičke ispravke dozvolio sam si mijenjati samo tamo gdje je baš bilo nužno radi ispravnog razumijevanja. Ovo je život u 40 pjesama. Ne dozvoljavam ideju da ga se ispravlja, popravlja i uljepšava. Takav je, kakav je. Iskren, nesavršen, kvrgav, jednostavan i idilično tajanstven. Život. Bakina verzija Gruntovčana. Slike sela kojih će se ljudi uskoro sjećati još samo zato jer je netko imao potrebu zabilježiti ih.

Što reći o „kvaliteti" pjesama? Baka Marica nije Ivana Brlić-Mažuranić. Ali da vas pitam:
Ima li veću umjetničku vrijednost Pavarottijeva Nessun Dorma ili prva pjesmica koju je dijete napisalo svom tati?
Milka ili Marica?
Glup primjer. A možda i nije. Ne znam.
Ali znam da je za mene umjetnost znati dirnuti nečije srce, odvesti slušaoce tamo gdje još nisu bili, oduzeti im barem jednu noć dok pokušavaju shvatiti što su to upravo doživjeli! Dešavalo mi se u operi, ali dešavalo mi se i u nebrojenim pokušajima da dovršim ovu zbirku. Znam, apsolutno sam subjektivan. Ali vjerojatno samo zbog takvih i radim sve ovo.

Umjetnost se ne uspoređuje. Ne budimo nepošteni, ne uspoređujmo najveće umjetnike s onim manje velikima, već se prepustimo trenutku. Prepustimo se umjetniku dok nas bosim nogama vodi rosnom travom Dnevnika zaboravljenog vremena.

Fali mi baka. Nikad nisam shvatio zašto sam je toliko volio, što me to privuklo njoj. Ona je bila samo obična baka sa sela, a ja najobičniji unuk. Možda smo jednostavno odmalena bili dvije neshvaćene umjetničke duše, osuđene samo jedna na drugu.
Ili je u pitanju bilo nešto puno prostije, debele palačinke pečene na masti, priče za laku noć kojih se više ne sjećam, miris sela dok mi mazi glavu u krilu...tko će ga znati.

Jedno je sigurno, pozornice će tek doći...
Jedva čekam da je opet vidim.
I da je se sjetim.

Dominik
10.1.2023

Baka Marica umrla je 2005., a deda Stevo 2013. godine.

Od sljedeće stranice uključujemo se na prvu stranicu bakine „Kak se spada" bilježnice, njen identični prijepis uz minimalne preinake kada su bile nužne radi razumijevanja i poneki ubačeni naslov za pjesme koje ga nisu imale.

SEĆANJE NA MILKIN DOM

U Vezišću sam se rodila, nakraj sela, kraj Česme, blizu
rodnog mesta Milke Trnine. Tu sam provela lepo detinstvo.
Sećam se gde je bila ta vodenica, dole kako smo mi to zvali
Oplavnica. Tu je bila voda mala i pesak, a izvirivali su
stupovi, tak oko pola metra. Tu smo se mi deca najrajši
kupala kada smo bila napaše, po starom putu po ciglame.
Najlepše mi je bilo napaše sa svinama. Kada je bilo vruće,
onda su se svine kalužale i spale, a mi curice smo si
donesle bebe napravlene od krpica.

Moja Mama meni je uvek šila od stariji poculica, a od
jedne curice je mama bila švelja pa nam je dala svakakvog
platna i ostatkov. To smo mi šile i prale za naše bebe, pa
prestirale po tima stupovima.

Pokraj toga je voda bila jako duboka, tu se mi deca nismo
ufala kupati. To se zvalo Melinska jama. Tu su ribari znali
loviti veliku ribu. Preko te Česme moje susede su pasle
krave. To su zvali Melin. Tu su bili još neki ostatki od
Milkina doma, neke ruševne cigle, bunar i mislim 4 stabla
jabuka. Tu su mi bile najbolje jabuke!

Tako sam jedanput nosila puno krilo jabuka, pa sam trčala i
bosa se poplela na zmiju! Sve sam rastepla ali se nisam
vratila brat, jer sam se jako bojala zmije.

Za decu je tu uvek bilo zanimlivo, ili brati cveče Trnine, ili
smo brali žir pa nosili svinama, pa je bila nekakva svila pa
smo pravile za bebe jastuke.

Tu smo bili slobodni, mogli smo vikati i pjevati, nikomu
nismo smetali. Bilo je tu malina, kupina, a najesen smo išli

brat lešnake. A i šipak, pa su mame pekle pekmeze.
I tako je to mesto bilo pitomo i divlje, sve do rata.

*......ovdje je u bilježnici izrezan list, možda ga je deda
smatrao politički nekorektnim, ☺ ...*

...i tako je to mesto ostalo i posle rata neoštećeno. To bi bio
prekrasan park, onako prirodan, da je to ko zaštitil. A sada
komesacija, pa to kopanje Česme...i to su sve uništili. Sada
to više i ne prepoznaješ, jedino u mašti onakvo kakvo je
bilo.
I Milkino mesto je uništeno…

Nakraj sela kraj melina stara
tu sam nekad stoku napajala.
Kupala se kad je vruće bilo,
čekala sam da mi dođe milo.
Dođi dragi, napoj konje vrane...

....opet izrezano, isti list....

40 pesama
14 o Milki

Oj Vezišće

Oj Vezišće, ti bi tugovalo
da Milku nisi imalo.
Četri bora gledam sa prozora
vjetar piri, boru grane širi.

Milka gleda cveče ispod bora,
ovo cveče procvetati mora.
Oko cveča ograda malena
u sredini Milka postavlena.

Milka gleda svoje rodno selo
ajde selo, budi mi veselo.
Ajde selo ti mi složno radi
sve uradi do susreta mladi.

Mala Milka

Sečaš li se reka Česma
vodenice stare
mlinara i mlinarice
djevojčice male.

Ti si česma najstarija
u našemu selu
poznavala si mlinarovu
familiju cjelu.

Reci Česmo Milkin život
dok je bila mala
dal je ona srećna bila
dali je pjevala.

Kaži česmo tajne njene
što ti je povjerila
dal je ona tužna bila
kad je odlazila.

Zbogom selo

Preko je kuća, na prozoru cveće
mala Milka pokraj Česme šeće.
Milka šeće i razmišla sama
sirote smo ja i moja mama.

Iz Zagreba Milki teta piše,
dođi k nama, ne razmišlaj više.
U Zagrebu u školu ćeš poći
ponovo ćeš u Vezišće doći.

Ja bi došla al ne mogu sama,
doći ću vam ja i moja mama.
Na dva vola spakovale stvari
zbogom selo i moji drugari.

Moj sokole

Napoji mi konja majko,
u zoru ću rano poći.
Da dovedem tebi snaju,
da ti bude od pomoći.

Moja draga mene čeka,
pokraj vode kraj jasena.
Dala mi je obećanje,
da će biti moja žena.

Brže, brže moj Sokole,
da ne čeka zlato moje.
Česmu ćemo pregaziti,
dragu ja ću poljubiti.

Pokraj sela voda teče,
u bjelini draga šeće.
Name misli kad ću doći,
pa će sutra s nama poći.

Brže, brže moj Sokole,
do Vezišća daleko je.

Ti ćeš sitnu zob zobati,
ja ću dragu milovati.

U livadi

U livadi zrela trava i miriše,
pravih kosca nema više.
Sada traktor livadu pokosi,
da si mužek gaće ne zarosi!

Sada ima gaće kupovane,
nema više od pređe zatkane.
Niti kosi niti plugom pluži,
desu sada pravi selski muži!?

Nit na njivi žetelica nema,
sad se kombajnima šenicu sprema.
Kombajn zmlati na dan pola sela,
nema pesme i nema veselja.
Pesma više poljem se ne čuje,
sve mašine i traktori bruje.

Pokraj peći

Strehe kaplu, sneg se topi
proleće se bliži.
Al još uvek lepo nam je
v naše tople hiži.

Pod pečjum se maček skriva,
vane mu je zima.
Vani puše mrzli veter,
pa i leda ima.

Česma se je cela smrzla,
kližeju se deca,
sanjkaju i kajucaju,
u snegu prave sveca.

Pokraj peći baba prede,
deda koške plete.
Kaj u koški nosil budeš,
pita malo dete.

Bral bum nutra kukuruze,
kada budu zreli,
pa je onda samlel budem,
bumo žgance jeli.

Cvate neven

Cvate neven kraj prozora moga,
ja ga gledam i čekam dragoga.
Ja sam z dragim neven posadila,
posadila pa se zaljubila.

Nevenu su požutele grane,
dođi k meni moj mili dragane.
Ja te dragi čekam kraj nevena,
da ti kažem da sam isprošena.

Neven znade da drugog ne ljubim,
samo zate moj dragane žudim.
Svako veče kraj nevena stojim
i suzama zaljevam ga svojim.

Od suza će neven povenuti,
od bola će srce prepuknuti.

Prvi tanc

Kad sam z dragim prvi put plesala,
mamine sam cipele imala.

Pod je mokar a meni se skliže,
pa me dragi privija sve bliže.

Ja ne vidim nikoga od srama,
što će reći moja mama.

Lipanski susreti

Nedelja je, danas se ne radi,
u Vezišću skupljaju se mladi.
Tu dolaze iz općine cele,
da se vide i da se vesele.

Glazba svira već od zore rane,
tu dolaze grupe razdragane.
Svaka grupa peške dolazila,
da bi našu Milku pozdravila.

Tu će pjevati naši pjevači
i svirati curice i dječaci.
Tu će doći mladi beciklisti
i sa njima moji unučići.

Mala Milka

Oj Vezišće, oj Vezišće,
to je tebi dika
što u tebi rodila se Milka.

Milka mala Vezišćem pjevala,
pokraj Česme pjeva prve pjesme.

Česma nam je puteve zalila,
bosa Milka vodu pregazila.

Mladi ribar lovio kod mosta,
dođi Milko da ne gaziš bosa.

Mali čamac nek valovi nose,
ugrijaću tvoje noge bose.

Neće Milka slušati ribara
što bi rekla moja majka stara.

Već podigla rubače visoko
i zagazi u vodu duboko.

Stara lipa

Ima jedna lipa stara
nasred sela miriše.

Ima jedno selo malo
što se zove Vezišće.

Ima jedna tiha reka
pokraj sela miruje.

Ima jedan bor zeleni
pokraj lipe tuguje.

Ima jedna stara kuća
de sam se ja rodila.

Ima jedna uspomena
u srcu je nosim ja.

Ima jedna lipa stara
nasred sela miriše
Ima jedno selo mala
što se zove Vezišce
Ima jedna tiha reka
pokraj sela mirije
ima jedan bor zeleni
pokraj lipe tuguje
Ima jedna stara kuća
gde sam se ja rodila
Ima jedna uspomena
u srcu je nosim ja

Sonu strane česme

Sonu strane česme vode
raste trava zelena.

I na travi guske pasu
čuvala ih djevojka.

Na djevojci košuljica
svilom je izvezena.

Izvezla si moja draga
dok je mene čekala.

Čekala me tri godine
dok odslužim vojsku ja.

Pokraj vode

Nakraj sela pokraj vode
raste vrba zelena.

Penjala se po toj vrbi
i u Česmu gledala.

Pravila od grane frule
i u frule svirala.

Skrivala u tvoje grane
kad sam ja plakala.

Sjedila sam u tvom ladu
crne kose spletala.

Dal se vrbo sećaš mene
vrbo moja zelena.

Trnine

Oko sela trnine su cvale
trninovke lepo su pjevale.

Bosa Mara Česmu pregazila
na staru se vrbu naslonila.

Vrbo moja ti si ostarila
a ja sam se mlada zaljubila.

Zaljubila u te ratne dane,
a dragog mi vode u partizane.

Milkina vodenica

Pasem konje nakraj sela
nakraj sela kuća bela.

Pokraj kuće vodenica,
a u kući djevojčica.

Crna oka i visoka
vita stasa divna glasa.

Kad zapjeva budi cveče
bosonoga vrtom šeće.

U zoru pjesmom budi ptice
kad u Česmi mije lice.

Ribica ju poškropila
dobro jutro zaželila.

Pred kućom

Pred kućom mi voda teče
a u bašti cveta cveče.
Plavi zumbul bela lala
mila majko još sam mala.

Momci su mi dolazili
plavo cveče pogazili.
Plavi zumbul bela lala
mila majko još sam mala.

Dragi se u vojsku sprema
tri godine njega nema.
Plavi zumbul bela lala
mila majko još sam mala

Darove sam pripremila
i ružmarin posadila
Cveta zumbul cveta lala
nisam više majko mala.

Dragi se iz vojske vrati
spremaju se moji svati.
Plavi zumbul bela lala
zbogom majko moja stara.

Mila majko

Mila majko de si sinoć bila
pa mi nisi rubače sašila.

Rubače sam ja sašila sama,
a opleče našila mi mama.

Našila je od šarene svile
pa za Uskrs gotove su bile.

Tata mi je kupio opanke
u Nedelu idem na igranke.

Na dvorištu na sredini sela
tu se pleše, tu ima veselja.

Staro mlado tu se okupilo
i u kolo sve se uhvatilo.

Rubača se širi oko mene
zlato moje vataj se za mene.

Orgovane

Orgovane sitno cveče
koje cvateš u proleče.

Koje cvateš baš u Maju
u rodnome kraju.

Prvog Maja rano u zoru
orgovan mi na prozoru.

Sitno cveče orgovana
od mojeg dragana.

Orgovane bjeli plavi
zlato moje ti pozdravi.

Šta će meni tvoje cveće
kad me ono ljubit neće.

Šipkovače

Kakve su to bele rože
kaj kraj vode cvetaju?

To su rože šipkovače
koje lepo mirišu.

Čije li su ono cure
kaj po putu šetaju?

To su naše trninovke
koje lepo pjevaju.

Rože beru, vjenac pletu
crne kose kitiju.

Visok jablan

Visok jablan, brz je soko
moja draga crno oko.
Crno oko garavo
koje mene varalo.

Pod jablanom klupa bijela
gde je draga kose plela.
Duge kose garave
moje srce ranile.

Varala me 6 godina
dok ne dođe sedma zima.
Draga mene ostavi
u tuđinu odlazi.

Jašem konja kraj jablana
jablanu se sruši grana.
Povenulo pod njim cveče
draga mi se vratit neće.

U čamcu

Po Česmi mi čamac plovi
ja u čamcu ribe lovim.

Vesla su mi potrgana
ne mogu da veslam sama.

Vjetar puše, buru sprema
moj dragane što te nema.

Mjesec sveti iza grana
ja u čamcu u suzama.

Teče voda, čamac nosi
od majke me dragi prosi.

Rađe ću se utopiti
nego drugom žena biti.

Cveče cvate

Cveče cvate, cveče cvate
po našemu selu.

Tu sam ljubil, tu sam ljubil
curicu veselu.

Cveče cvate, cveče cvate
ružmarin miriše.

Meni draga, meni draga
beli listak piše.

I u listu, i u listu sve redom pozdravlja
samo mene, samo mene mladog zaboravlja.

Mojoj unuci

Mala Tanja majčicu molila
ne reži mi kosu majko mila.

Ne reži mi pletenice moje
pogledaj ji kak mi lepo stoje.

Neće majka Tanju poslušati
već je kosu dala odrezati.

Sad je mogu na sliki gledati
i za svojom kosicom plakati.

U Vezišću

U Vezišću zeleni se trava
gde moj dragi, gde moj dragi sa konjima spava.

Vatru loži sve do zore rane,
a u zoru ide na oranje.

Konji vrani mokri od oranja
umoran je dragi od nespanja.

Dođi dragi spavat na blazine
prehladit ćeš kod konja se od zime.

Zubače i rubače

Dragi plete košare
ja mu šijem košulje.

Dođi, dođi milo moje
nek poslovi stoje.

Dragi pravi zubače
ja prebiram rubače.

Dođi, dođi milo moje
nek poslovi stoje.

Česma

Česmo rijeko što tečeš kraj sela
tebe Česmo uvijek sam voljela.

Na tebi sam svoje kose prala
i o tebi česmo sam sanjala.

Na tebi se plivati učila
i na čamcu tobom se vozila.

Na tvom mostu svati su svirali
tu se momci i cure sastajali.

Konoplu sam na tebi ja prala
i na ledu zimi se klizala.

Sad ti voda kraj sela ne teče
mosta niko poraviti neće.

Česmo moja, ti maštanje moje
ostarismo bome obadvoje.

Ej guske moje

Ej guske moje
ne plivajte preko
ej guske moje.

Ej gor do mosta
meni je daleko
ej gor do mosta.

Ej čamca nemam
ne mogu preko vode
ej čamca nemam.

Ej plivala bi
al je voda hladna
ej plivala bi.

Ej dođi dragi
guske mi povrati
ej dođi dragi.

Ej za to ću ti
3 poljupca dati
ej za to ću ti.

Četri vola

Četri vola vuku kola
terala ih Milka moja.

Četri vreće na kolima
samleti će Milka moja.

U mlinu su četri mačke
ranit će ih Milka moja.

Kupaju se četri patke
kupa se i Milka moja.

Četri dečka travu kose
vodu nosi Milka moja.

Četri ptice pjevale su
pjevala i Milka Moja.

Četri cure kolo vode
najlepša je Milka Moja.

Volim Vezišće

Volim tebe selo moje milo
da si barem kak si negda bilo.
Svaka kuća bila radijona
ili razboj ili predijona.

Žene tkale cure našivavale
da bi lepše rubače imale.
Sveta Kata otvara snegu vrata
svaka žena preslice se vata.

Do fašnika pređa se je prela
belila se i na razboj dela.
Tkale su se plahte i ručnici
dok se nemre na pole otiči.

Pune škrine ruha nemoćena
imala je svaka naša žena.
I naši muži posla su imali
hranit blago, drva pripravlali.

Pokraj peći pehare su deli
i pomalo košare su pleli.
Popravlali trlice zubače
da zasluže rubaču i gaće!

Milko moja

Pokraj Česme bistre vode
Vezišćani kolo vode.
Oja oja Milko moja.

Tri devojke pređu prele
čime budu plahte tkale.
Oja oja Milko moja.

A kada sam bila Mala
na Česmi sam robu prala.
Oja oja Milko moja.

Na prozoru moje kuće
gledam Česmu u svanuće.
Oja oja Milko moja.

Gledam kako Česma teče
to su bili dani sreće
Oja oja Milko moja.

Ispod vrbe

Kupat ću se danas majko
dole pokraj mlina.
Tamo teče bistra voda
tamo je milina.

Tu dolaze mladi momci
da napajaju konje.
Gledam, gledam mila majko
gde je zlato moje.

Što te nema moj dragane
ja te čekam sama
ispod vrbe, pokraj Česme
da ne vidi mama.

Staze vode na dve strane
i momci odlaze
zašto tvoji konji vrani
dragi ne dolaze.

Da li nećeš da me sretneš
il ti neda mama.
Ako nesmeš ti mi kaži
kupat ću se sama.

U mlinu

Milka, Milka ja sam ribar
ja sam ribar te jošte mlad.
Al kad dođeš ti u moju barku
vozit ćemo se u tvoj mlin.

U mlinu je velka zima
velku vatru naložit ćemo.
Velku vatru mi naložit ćemo
po običaju ribarskome.
,

A kad bude došla večer
lepu pjesmu zapjevajmo.
Lepu pjesmu mi zapjevat ćemo
po običaju seljačkome.

Beli liljan

Kada umreš gospodaru
ja ću tužna biti.
I na tvome hladnom grobu
liljan posaditi.

Nosila sam liljan beli
ja u našu sobu.
Pa ti neka on miriše
na tvojemu grobu.

Ako umrem prije tebe
ti pokosi travu.
Pusti jednu na mom grobu.
Barem jednu suzu pravu.

(30)   Beli liljan

Kada umreš gospodaru
ja ću tužna biti
i na tvome hladnom grobu
liljan posaditi.
Nosila sam liljan beli
ja u našu sobu
pa ti neka on miriše
na tvojemu grobu
Ako umrem prije tebe
ti pokosi travu
sperti jednu na mom grobu
barem jednu sivu piravu
Faj snožija prije 19 mjeci otišla
Otišla si prije mene A ja sam sam
učinio sve za tebe što si za željela
Tonko mije samom Bok Tebi mamo 3
djeco dobri sumi Brinuju se o mami
Kosa Stolo Rođen 7924 g

30. 7. 2006 pisano

Vodenica stara

Na kraj sela vodenica stara
tu se Milka s majkom razgovara.
Mila majko budi me u zoru
da ja pjevam na svojem prozoru.

Da znaš majko šta sam noćas snila
operna sam pevačica bila.
Pevala bi od grada do grada
mila majko to je moja nada.

Otac mlinar majka domačica
operna je ćerka pevačica.
Vratiću se moje milo selo
u tebi je uvek sve veselo.

Zeleno drveće

Zeleno drveće raste pokraj mlina
tu se šeće Milka, djevojka jedina.

Tu se šeta sama pokraj ladne vode
svakog jutra rana i bere jagode.

Jagode su slatke ko poljupci njeni
nekad kao djeca bili smo zaljubljeni.

Močili u Česmi svoje noge bose
divijo se Milki raspletene kose.

Njene crne oči gledale me smjelo
to je bilo ljupko djevojče veselo.

Milkina kuća

Milkina kuća na kraju,
kraj milkine kuće pjevaju.
Ah neka je, neka pjevaju
oni moju Milku čuvaju.

Milkina kuća malena
kraj kuće bašta šarena.
U bašti cveče miriše
tu moja Milka uzdiše.

Kraj bašte reka protiče,
meni moja Milka šapuće.
A ptice lepo pjevaju
one moju Milku pozdravljaju.

Milkino selo Vezišće
voli svoju Milku najviše.
Tu je prve pesme pevala
u novi se život spremala.

Na kraju sela

Na kraju sela Vezišća
bila je vodenica.
Tu se rodi curica
zvala se je Milkica.

Ribica je plivala
de se Milka umivala.
Ljubica je cvetala
kad se Milka šetala.

Cvrkutala tičica
lepo pjeva Milkica.
Tice lepo pjevaju
Milku suze polevaju.

Što nas mora ostaviti
nemoj Milko plakati.

Ti ćeš se nama vratiti,
tu ćeš se nama vratiti,
a mi ćemo te slaviti.

Milkine želje

Kad je naša Milka odlazila
svojemu je selu poručila.

Čekaj selo dok ja budem slavna
onda tebi neće biti ravna.

Brinuću se za te milo selo
da mi budeš lepo i veselo.

Nek se pjesma po Vezišću ori
nek se grade i Milkini dvori.

Neka bude ljubav i veselje
to su bile naše Milke želje.

Milkina bašta

Puno put sam Česmu preplivala
dok sam bila djevojčica mala.

Da bi došla do Milkine bašte
tamo voće bilo je najslađe.

Tamo tice pevaju najlepše
....

Tamo cveče najlepše miriše.
tamo vrba najlepše se njiše

Tu sam prve visibabe brala
tu sam pesme najlepše pjevala.

Tu na hrastu najviše je zima
tu je bilo najlepšega mira.

Stani kišo

Stani kišo previše si bila
dosta si nam polja poplavila.

Jadan seljak nigde prava nema,
a godina loša mu se sprema.

Će ne sije, neće niti brati,
a obavezu svakome on mora dati.

Seljačka je tvrda kora hleba
bolestan je, ali radit treba.

Ne udaj se kćeri za seljaka
ne pogreši kao tvoja majka.

Biraj momka da budeš gospoja
bjež od sela i seljačkog znoja.

Oj maramo

Oj maramo, maramo
kome ću te dati.
Kad mom dragom, kad mom dragom
spremaju se svati.

Oj maramo, maramo
zašto sam te šila.
Kada dragom, kada dragom
više nisam mila.

Oj maramo, maramice
dobro ćeš mi doći
da si brišem, da si brišem
uplakane oči.

Poculica

Djevojka je crne kose plela
kose plela kosi govorila.

Zašto sam te koso njegovala
njegovala i na česmi prala.

Kad te moram skriti i pokriti
udajem se pa ću snaha biti.

Sad te koso svekrva bu plela
i na glavu poculicu dela.

Poculica našita od svile
sakriče vas pletenice mile.

POGOVOR

Sam Giacomo Puccini je, kažu enciklopedije, rekao da se nijedna Tosca ne može usporediti s Trninom. Strašno priznanje i još k tome od samog autora.

Meni je zanimljivo da se u toj istoj operi, u kojoj je dakle Milka bila najbolji sopran svih vremena, nalazi i meni osobno ponajljepša tenorska arija ikad napisana. E Lucevan Le Stelle.
Mnogi su je, kažu oni što znaju, otpjevali bolje, ali…ne znam. Očito nisam bez razloga amater, samozvani tenor kao što je i moja baka bila samozvana pjesnikinja. Koliko god se trudio upoznati bolje pjevače, ako sam jednom čuo Pavarottijevu izvedbu neke pjesme…više nije bilo natrag. A ova je baš posebna.

Zato vas pozivam, otvorite YouTube i upišite „E lucevan le stelle Luciano Pavarotti 1978" i prosudite sami.

A mene će na kraju ovog Dnevnika zaboravljenog vremena mašta još jednom odvesti u šetnju bakinim zaboravljenim putevima.

Pokušao sam zamisliti kako bi to bilo da je Milka nastavila šetati bakinim pjesmama, da joj tata nije umro, da nije morala otići od svoje obitelji, ali da je svejedno postala takva mega zvijezda. I da je taj Puccini živio negdje u okolici, da je radnju smjestio u naše selo i da je Toscin ljubavnik, slikar Cavaradossi zadnju noć prije streljanja, za koje ona nije znala kad mu je došla u posjet, umjesto na talijanskom, otpjevao jednu od najljepših arija ikad otpjevanih na jeziku i u okolišu moje bake! Kako bi to negdje zvučalo....

**E Lucevan Le Stelle
(Na nebu treperile su zvezde)**

*Na nebu treperile su zvezde,
U zraku miris okopane zemle...*

*Kad na vrtu zaškripela bi lesa,
I čul sam lehke korake u pesku,
Dišala je kak najlepša rojža*

U zagrljaj mi tad ona pade.

*Opojno ljubim je, celu ju kušujem
Grli me, drhtim*

Još jednom samo tu ljepotu da vidim

*Zauvek nestaju sva nadanja i snovi
Ničeg više nema*

*Očajan sam, umirem
Očajan sam, umirem
Molim vas samo....jedan dan života
Jedan dan života*

…i kako bi bilo super da sam to mogao otpjevati s njom na premijeri u našem društvenom domu, odmah pored Milkinog muzeja.

Ne znam možete li to čuti, ali ovaj prijevod tako dobro zvuči kad se otpjeva…pokazat ću vam jednom nakon još desetak godina poskrivečkog pisanja…ovaj pjevanja.

Ali nema veze, pozornice ionako tek trebaju doći...

Nadam se da vam se svidjela ova šetnja bakinim vrtovima zaboravljenog vremena. Nadam se da vas je odvela na neka nova stara mjesta.
Ako se i nakon par sati nećete moći oteti dojmu, ili ne daj Bože nećete moći samo tako zaspati, ne brinite se, to je normalno. Tako se osjećamo kada se izložimo utjecaju umjetničke duše koja je u naletu inspiracije.

Baka mi je prije spavanja znala u krevetu, pod blazinom, pričati neke stare priče. Sjećam se tereta debelih popluna s kojima me je pokrila, pamtim taj osjećaj kao da su sad na meni.
Sjećam se i toga da je znalo biti toliko hladno da su mi se kapci, odnosno trepavice, jednom do jutra zaledile gornja za donju, pa nisam mogao otvoriti oči kad sam se ujutro probudio.
Sjećam se i koliko me prepalo kad se to dogodilo!

Ali priče se ne sjećam niti jedne.

I zato u spomen na sve te zaboravljene priče poklanjam ovoj zbirci meni najdražu priču koju sam napisao. Prije nego što i nju zaboravim.

Neka živi zajedno s bakinim pjesmama. Možda se jednog dana nekome svidi. Pa postanemo Hans Christian i Brlić Mažuranić ☺!

DJEVOJČICA SA SVEMIROM U OČIMA

U dalekoj zemlji živjela je obitelj jako velikih ljudi. Oni su bili toliko veliki da je za njih svaki auto bio premalen, a svaki stan prenizak i preskučen.

Prvi od njih zvao se Tata Div. Tata Div bio je toliko visok da se uvijek morao saginjati kako bi mogao ući u svoj stan. Njegove cipele bile su toliko velike da su uvijek virile iz ormara, a njegove hlače uvijek su bile u tri boje jer je njegova mama morala kupiti troje hlače da od njih sašije jedne za svog sina.

Tata Div najviše od svega volio je svoj bicikl! Juuuhuuu, kako je on letio na svom biciklu! I uvijek se vozio ukrug.

Naravno, za njega je i svaki bicikl bio premalen. Svi su mu govorili: „Stani! Čekaj! Ne možeš se voziti na biciklu, ti si prevelik za bicikl!"

Ali on ih nije slušao. Obukao bi hlače koje mu je mama sašila, stavio pomoćne kotače na svoj bicikl i jurio tako brzo da ga nitko nije mogao stići! Jurio bi sve dok mu se pomoćni kotači ne bi raspali od brzine. Onda bi na poslu stavio druge i isto tako brzo jurio kući. Tata Div imao je malu radionicu za popravak bicikala u drugom dijelu grada i svi su ljudi iz toga grada dolazili k njemu da im on popravi bicikle.

Tetak Div bio je najjači div u gradu. Bio je toliko širok da su mu svaka vrata bila preuska, a svaka stolica premalena i preslaba. Svakog dana on bi se jedva provukao kroz ulazna vrata, onda bi se skoro uvijek popiknuo na cipele Tate Diva, udario glavom u ormar Mame Diva i teturao sve do dnevnog boravka. Ribice bi se sakrile u svoju kućicu i kroz prozor u strahu gledale hoće li Tetak Div pasti na njihov akvarij.

Tetak Div uvijek je nosio košulje u tri boje jer je bio toliko širok da je njegova mama uvijek morala kupiti tri košulje da sašije jednu za svoga sina.

Najviše od svega on je volio svoju gitaru. Ali za njega je i svaka gitara bila premalena. I znaš li što su mu svi govorili? „Stani! Čekaj! Ti si prevelik da sviraš gitaru!" Ali njega nije bilo briga. On bi uzeo svoju gitaru i svirao je svojim divovskim prstima. Pjevao je uvijek jednu te istu serenadu toliko lijepo da ga je na kraju cijeli grad dolazio slušati.

Mama Div bila je toliko brza da je nitko nije mogao uloviti. Samo ju je Tata Div jednom ulovio, ali on je bio na biciklu, pa to ne vrijedi.
Mama Div uvijek je trčala ukrug tako da nikad nikamo nije stigla. Trčala bi svaki dan po nekoliko sati i još bi uvijek bila u svome stanu! Njoj je mama svaki dan morala sašiti nove hlače jer nijedne hlače nisu mogle izdržati tempo njenog vježbanja.

I njoj su govorili: „Stani! Čekaj! Ti si prevelika da toliko vježbaš!“ Ali ona ih nije slušala i na kraju je pobjeđivala u svakoj vježbi tako da je najzad cijeli grad dolazio vježbati s njom.

Teta Div bila je umjetnica. Ona je po cijele dane samo plesala ukrug. A kad bi se umorila, šivala je male bebice, a onda bi opet plesala. Njoj je mama svaki dan morala kupiti nove cipelice jer ona je toliko plesala da bi joj se cipelice do sljedećeg dana skroz izlizale. I njoj su svi govorili: „Stani! Čekaj! Ti si prevelika da toliko plešeš!“ Ali ona nije marila za to. Ponekad bi čak uzela i Mamu Div, onda kad ona nije trčala, pa su zajedno plesale do iznemoglosti. Na kraju su toliko lijepo plesale da je cijeli grad znao stati i bez daha se diviti njihovom plesu.

A onda se jednog dana dogodilo nešto nevjerojatno! U kutu njihove sobe na velikom kauču odnekud se pojavila malena djevojčica. Od uzbuđenja, Tata Div udario je glavom u luster, Tetku Divu pukle su žice na gitari, Mama Div otrčala je dva kruga po stanu, a Teti Div ponarančastila je kosa!

Tko je to, čija je to krasna beba?! Čija je ova prelijepa djevojčica?!

Mama Div prva joj je prišla i odmah se zaljubila u nju. „To je moja beba!“ zaprijetila je ostalima. Zatim ju je dala Teti Div, a ona ju je uzela u naručje i počela plesati s njom i davati joj bezbroj pusolenda.

Nakon toga ju je u ruke uzeo Tata Div. Bila je tako sićušna da je cijela stala na njegov dlan. Od toga dana on je pazio na nju, a ona se kod njega osjećala najsigurnije.

Tetak Div nazvao ju je Palčica, jer je bila jedva malo veća od palca njegove ruke. Budući da se bojao uzeti je u svoje ogromne ruke, nagnuo se nad nju, a ona ga je pogledala ravno u oči. Tetak Div sav se raznježio jer to su bile najljepše oči koje je ikad vidio. Bile su ljepše od najljepšeg mora!

Zagledao se u male točkice u njima i vidio nebrojene svjetove, planete i galaksije – tolika prostranstva da se prvi put u životu osjetio malim.

Ona ga je i dalje gledala, a on je samo rekao: „Djevojčica sa svemirom u očima!“

Nitko nije razumio što je on time mislio, ali su se složili da ih je to sigurno Svemir nagradio jer su tako dugo i ustrajno bili veliki. Poklonio im je malenu djevojčicu kako bi se konačno osjećali normalno i maleno, poput ostalih ljudi, i kako se više ne bi morali stalno vrtjeti ukrug.

Dominik
Za Djevojčicu sa svemirom u očima
Osor, 6.9.2022, 03:45

9 783910 760028